STEFANIE ZYSK

# BLÄTTER, BLÜTEN & GRÄSER

## Mein Herbarium für über 25 Pflanzen

MIT ILLUSTRATIONEN VON YOUSUN KOH

COPPENRATH

# HALLO, NATURFORSCHER UND NATURFORSCHERIN!

Hast du Lust, eine Entdeckungstour durch die Natur zu unternehmen und dabei viele verschiedene Pflanzen kennenzulernen? Es gibt mächtige Bäume, bunte Wiesenblumen, aber auch unscheinbare Kräuter und Gräser, die du erst bei genauem Hinsehen bemerkst.

Mit diesem Buch im Gepäck kannst du über 20 verschiedene Pflanzenarten bestimmen. Fotos, Zeichnungen und Steckbriefe helfen dir dabei. Und das Beste ist: Du hast genug Platz, um deine eigenen Fundstücke einzukleben und deine Beobachtungen festzuhalten. Für Sachen, die du nicht so gut einkleben kannst, befindet sich ganz hinten im Buch eine stabile Papiertasche.

Außerdem erfährst du jede Menge Spannendes, Lustiges und Kurioses über die Pflanzen. Manche zum Beispiel tragen ausgefallene Namen, die auf Geschichten aus alter Zeit hindeuten. Andere sind für einige Tiere überlebenswichtig. Dazu gibt's viele Tipps, wie du mit Pflanzen basteln oder deinen Freunden einen Streich spielen kannst.

## LOS GEHT'S UND VIEL SPASS!

Die Welt der Pflanzen steckt voller spannender Geheimnisse!

# INHALTSVERZEICHNIS

Tipps zum Sammeln und Pressen ............. 4

Blätter, Blüten und Gräser ...................... 6

**Bäume**

Die Rotbuche ................................... 8

Der Spitzahorn ............................... 10

Die Stieleiche ................................. 12

Die Haselnuss ................................ 14

Die Winterlinde .............................. 16

Die Birke ...................................... 18

Die Rosskastanie ............................ 20

Die Walnuss .................................. 22

Zwei weitere Baumarten ...................... 24

**Blumen und Kräuter**

Der Frauenmantel ............................ 26

Der Klatschmohn ............................. 28

Die Taubnessel ............................... 30

Die Margerite ................................ 32

Das Taubenkropf-Leimkraut ................. 34

Der Scharfe Hahnenfuß ...................... 36

Die Rundblättrige Glockenblume .......... 38

Das Große Springkraut ....................... 40

Zwei weitere Blumen/Kräuterarten ...... 42

**Gräser**

Der Spitzwegerich ............................ 44

Das Hirtentäschelkraut ...................... 46

Das Wiesenrispengras ........................ 48

Der Wiesenfuchsschwanz ..................... 50

Das Knäuelgras ............................... 52

Zwei weitere Gräserarten .................... 54

Impressum .................................... 56

# TIPPS ZUM SAMMELN UND PRESSEN

Du kannst dieses Buch zu etwas ganz Besonderem machen — zu deinem „Herbarium". So nennt man eine Sammlung getrockneter und gepresster Pflanzen. Hier ein paar wichtige Hinweise dazu.

## AUSRÜSTUNG FÜR PFLANZENFORSCHER

► Pflanzen sind sehr empfindlich und werden leicht zerdrückt. Daher trägst du sie am besten in einer flachen Schale, einem Karton oder einer Botanisiertrommel nach Hause.

► Zum Abschneiden ist eine kleine Gartenschere hilfreich.

► Mit einer Lupe kannst du die einzelnen Pflanzenteile oder Tiere, die auf der Blüte sitzen, genau betrachten.

► Ebenfalls nicht vergessen: Notizblock und Stift, damit du aufschreiben kannst, wann und wo du die Pflanze gefunden hast und welche Besonderheiten dir aufgefallen sind.

► Vielleicht hast du sogar einen Fotoapparat, um die Pflanze und die Fundstelle auf einem Bild festzuhalten.

Wer Blüten sammelt, muss vorsichtig sein!

# PFLANZEN PRESSEN

Deine gesammelten Pflanzen kannst du
in einer Blumenpresse pressen, ein dickes
Buch geht aber auch. Da die Blüten und
Blätter viel Feuchtigkeit enthalten, solltest
du sie zwischen zwei Lagen Löschpapier
oder Küchenkrepp ausbreiten. Bei der
Blumenpresse folgt nun ein Stück Karton,
dann kommt die nächste Lage Pflanzen.
In einem dicken Buch blätterst du etwa 50
Seiten weiter und legst dann die nächsten
Pflanzen hinein.

Hast du die Blumenpresse gefüllt, ziehst du
die obere und untere Spanplatte mit Flügel-
schrauben fest. Falls du ein Buch verwendet hast, klappst du es vorsichtig zu und
beschwerst es zusätzlich, zum Beispiel mit
anderen Büchern. Nach etwa zwei Wochen
sind deine Pflanzen fertig gepresst und du
kannst sie in dein Herbarium einkleben.

Deine gepressten Pflanzen brechen leicht.
Berühre sie deshalb so wenig wie möglich,
damit sie dir lange erhalten bleiben.

Durch das Pressen verändern
sich die Farben der Pflanzen ein
bisschen. Das ist vor allem bei
blauen Blüten der Fall — also
nicht wundern!

# BLÄTTER, BLÜTEN UND GRÄSER

## BLATT FÜR BLATT

Wenn du eine Pflanze bestimmen möchtest, siehst du dir am besten zuerst ihre Blätter genau an. Jede Pflanzenart hat andere Blätter. Sie unterscheiden sich durch ihre Größe, ihre Form und den Blattrand. Außerdem fühlen sie sich ganz verschieden an. Sie können weich, behaart, rau, kräftig oder glatt sein.

Siehst du die Blattadern? Durch sie werden Wasser und Nährstoffe transportiert. Außerdem geben sie dem Blatt seine Festigkeit.

In den Blättern befindet sich grüner Farbstoff, das Chlorophyll. Mit seiner Hilfe sind Pflanzen in der Lage, Photosynthese zu betreiben: Aus Sonnenlicht, Wasser und dem Kohlendioxid aus der Luft stellen sie Sauerstoff und Traubenzucker her. Den Traubenzucker benötigt die Pflanze, um zu wachsen. Den Sauerstoff brauchen Menschen und Tiere zum Atmen.

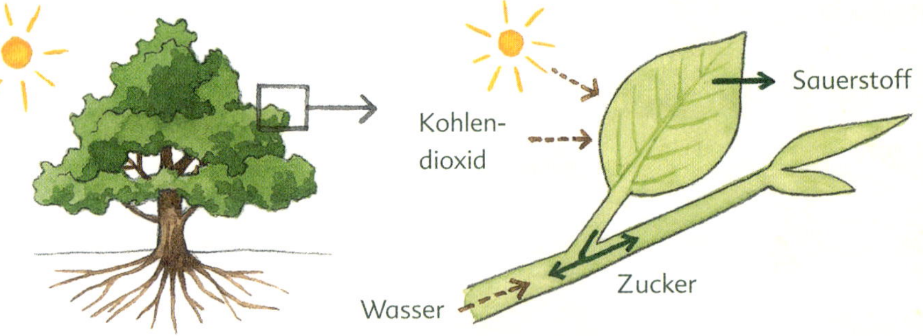

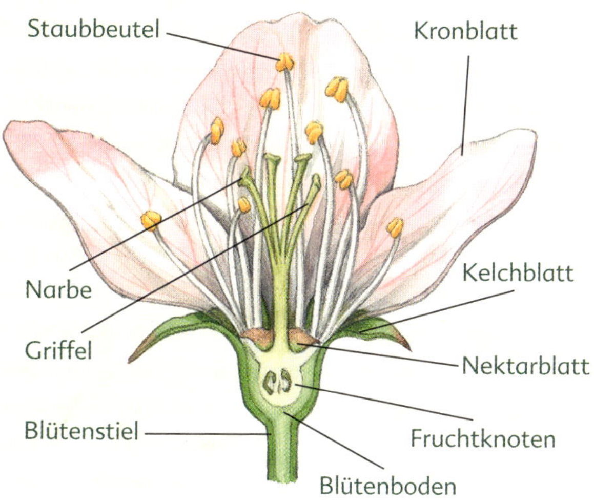


## SO VIELE BLÜTEN

Die Blüten sind wichtig für die Vermehrung der Pflanze. Jede Pflanzenart hat andere Blüten. Sie haben eine spezielle Form und Farbe sowie einen ganz eigenen Duft. So lockt jede Pflanze bestimmte Tiere an, zum Beispiel Bienen oder Schmetterlinge. Wenn die Insekten auf der Suche nach Nektar durch die Blüte krabbeln, bleiben an ihrem Körper Pollen hängen. Auf der nächsten Blüte fällt ein bisschen davon ab. Dann ist sie bestäubt und kann nun Früchte und Samen ausbilden, aus denen neue Pflanzen wachsen.

▶ **Übrigens:** Nicht nur Tiere helfen bei der Verbreitung der Pollen, auch Wind und Wasser spielen eine wichtige Rolle.

Viele Samen werden vom Wind verbreitet — wie die des Löwenzahns.

## ZART, ABER ZÄH: GRÄSER

Hast du gewusst, dass Gräser nicht von der Spitze, sondern „von unten" aus den Knoten im Stängel wachsen? Die Halme sind biegsam und stabil und können sich nach Regenfällen und Sturm wieder aufrichten. Da sie häufig abgemäht oder von Tieren abgeknabbert werden, haben Gräser nur wenig Zeit, um ihre unscheinbaren Blüten auszubilden. Die Pollen werden durch den Wind verbreitet und führen bei vielen Menschen zu Heuschnupfen. Die Samen bleiben oft im Fell von Tieren hängen und werden so über weite Strecken verteilt.

Ein Buchenwald im Frühling

# DIE ROTBUCHE

## STECKBRIEF:

- **Lateinischer Name:** Fagus sylvatica
- **Familie:** Buchengewächse
- **Merkmale:** Blätter anfangs hellgrün mit weichen Haaren, später lederartig, gewellter Rand; glatte silbergraue Rinde
- **Größe:** 25 bis 40 m
- **Standort:** Laub- und Mischwälder, Parkanlagen
- **Blütezeit:** April bis Mai
- **Früchte:** dreikantige rotbraune Bucheckern in stacheligem Fruchtbecher
- **Alter:** bis 300 Jahre

Bucheckern

Keimlinge

## BUCHEN SUCHEN

Eine Rotbuche trägt nicht jedes Jahr gleich viele Früchte. Manchmal wirft der Baum so viele Bucheckern ab, dass sie nicht alle von Tieren gefressen werden können. Einige der übrig gebliebenen Bucheckern keimen gleich im nächsten Frühjahr, andere treiben erst nach ein oder zwei Jahren aus. So nehmen sich die Keimlinge nicht gegenseitig Licht und Nährstoffe weg. Mach dich doch mal auf die Suche nach einer großen Buche und ihren kleinen Keimlingen.

## SCHON PROBIERT?

Weißt du, wie lecker Bucheckern schmecken? Du kannst die kleinen Nüsse auf einem Spaziergang direkt aus der Schale pellen und probieren. Aber bitte nicht so viele essen! Denn frische Bucheckern enthalten Fagin, das in größeren Mengen Bauchschmerzen verursacht. Deshalb ist es besser, die geschälten Bucheckern in einer Pfanne zu rösten. Dadurch baut sich das Fagin ab und du kannst die kleinen Nüsse unbeschwert genießen.

# MEINE ROTBUCHE

FUNDSTELLE

DATUM

TIERE AUF DER PFLANZE

Die typische bunte Herbstfärbung der Ahornblätter

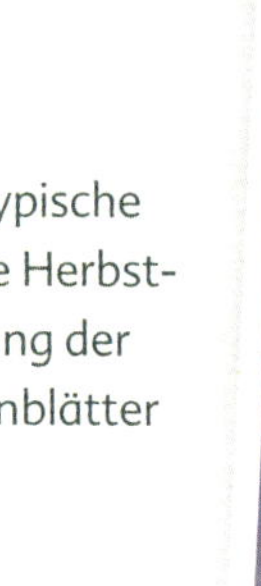

# DER SPITZAHORN



- **Lateinischer Name:** Acer platanoides
- **Familie:** Seifenbaumgewächse
- **Merkmale:** spitze, handförmig gelappte Blätter; Rinde erst glatt und blassbraun, im Alter dunkelbraun
- **Größe:** 25 bis 30 m
- **Standort:** Parkanlagen, Mischwälder
- **Blütezeit:** April bis Mai
- **Früchte:** paarweise geflügelte Nüsschen
- **Alter:** bis 200 Jahre

## BUNTER GEHT'S NICHT!

Ahornbäume fallen im Herbst durch ihre leuchtend bunten Blätter auf. Die Verfärbung ihres Laubs beginnt an der Baumspitze und breitet sich dann zum Stamm hin aus. Aber woher kommen die prächtigen Farben? Der Baum holt sich vor dem Winter den grünen Farbstoff, das Chlorophyll, aus den Blättern zurück und lagert es in Stamm und Wurzeln ein. Übrig bleiben die gelben, orangen und roten Farbstoffe, die im Sommer vom Blattgrün überdeckt waren.

## PROPELLERFRÜCHTE

Die Früchte des Ahorns bestehen aus zwei Samen, die jeweils mit einem großen Flügel ausgestattet sind. Fallen die Früchte zu Boden, drehen sie sich wie der Propeller eines Hubschraubers. So können die Samen mithilfe des Windes weit fliegen und an einer neuen Stelle auskeimen. Probier's aus: Nimm ein paar Ahornsamen und wirf sie hoch in die Luft. Welcher Samen kreiselt am weitesten?

# MEIN SPITZAHORN

FUNDSTELLE     DATUM     TIERE AUF DER PFLANZE

# DIE STIELEICHE

## STECKBRIEF:

- **Lateinischer Name:** Quercus robur
- **Familie:** Buchengewächse
- **Merkmale:** gebuchtetes Blatt mit rundlichen Lappen; Rinde erst grau-grün und glatt, im Alter längsrissig, braun
- **Größe:** bis 50 m
- **Standort:** Gärten, Parkanlagen, Straßenränder, Wälder
- **Blütezeit:** Mai bis Juni
- **Früchte:** in Hütchen sitzende Eicheln
- **Alter:** 500 bis 1000 Jahre

Eine sehr alte Eiche

Eicheln

Eichelhäher

## EICHELN – EIN LECKERBISSEN!

Eicheln sind für Menschen ungenießbar. Aber für Wildschweine, Rehe und Eichhörnchen sind sie im Herbst ein wahrer Leckerbissen. Auch der Eichelhäher frisst sie gern. Stell dir vor: Er kann bis zu zehn Eicheln in seinem Kehlsack transportieren, um sie dann als Wintervorrat im Waldboden zu verstecken. Obwohl er ein gutes Gedächtnis hat, findet er nicht alle Eicheln wieder und pflanzt so neue Eichenbäume.

## BÄUME AUS DEM MITTELALTER

Eichen können 1000 Jahre alt und riesig werden. Die stattlichsten Exemplare haben einen Stammumfang von 10 m. Acht Kinder müssten sich an die Hände nehmen, um den Baum einmal umringen zu können. Die älteste Eiche Deutschlands ist ungefähr 850 Jahre alt, stammt also aus dem Mittelalter. Anhand der Jahresringe kannst du an einem gefällten Baum herausfinden, wie alt er geworden ist. Denn jedes Jahr bildet der Baum einen hellen Frühholzring und einen dunklen Spätholzring. Such dir einen Baumstumpf und zähl mal!

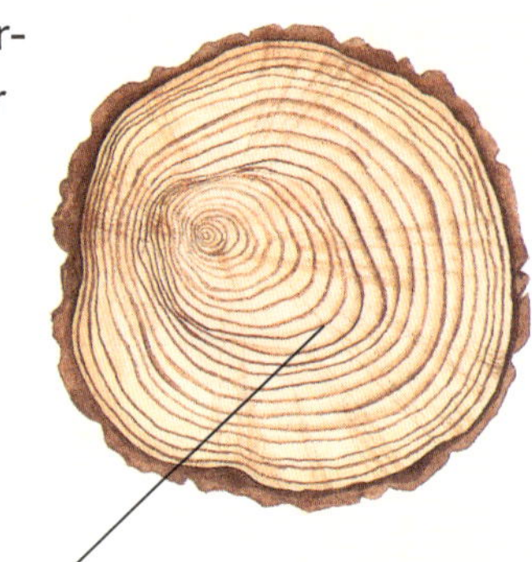

Jahresringe

# MEINE STIELEICHE

FUNDSTELLE     DATUM     TIERE AUF DER PFLANZE

# DIE HASELNUSS

Haselnussblatt und Haselnussblüten



- **Lateinischer Name:** Corylus avellana
- **Familie:** Birkengewächse
- **Merkmale:** rundliche bis herzförmige Blätter, leicht zugespitzt, behaart mit gesägtem Rand, vielstämmiger Strauch
- **Größe:** 2 bis 6 m
- **Standort:** Böschungen, Waldränder, Hecken, Laubmischwälder
- **Blütezeit:** Februar bis März
- **Früchte:** hartschalige braune Haselnüsse
- **Alter:** 80 bis 100 Jahre

## TAUBE NUSS!

Oft findest du im Herbst Haselnüsse mit kleinen, runden Löchern. Sie sind taub, haben also keinen Kern. Was ist da passiert? Das Weibchen des Haselnussbohrers bohrt im Frühjahr ein Loch in die Nuss und legt ein Ei hinein. Die Larve schlüpft und frisst die Haselnuss auf. Ist die Larve ausgewachsen, kriecht sie aus dem Loch heraus und überwintert im Boden.

## HASELNUSS-PILZE SCHNITZEN

- **Du brauchst:** eine Säge, ein Schnitzmesser, einen dicken Haselnussast.
- **So geht's:** Säge dir ein etwa 5 cm langes Stück vom Ast ab. Markiere dir das obere Drittel des Holzes, indem du rundherum eine Kerbe hineinritzt. Runde das obere Ende des Holzstücks zu einem Hut ab. Das Stück unterhalb der Markierung schnitzt du nun zu einem Pilzstiel. Lass am Hutrand und am unteren Ende des Stiels noch ein wenig Rinde stehen, dann sieht es schöner aus.

Haselnüsse

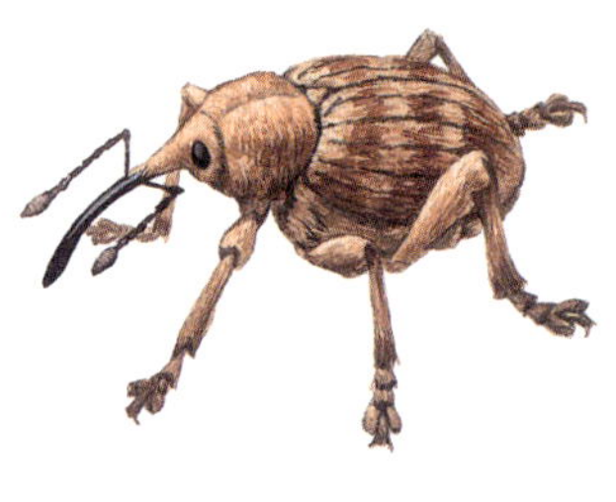

Haselnussbohrer

# MEINE HASELNUSS

FUNDSTELLE

DATUM

TIERE AUF DER PFLANZE

Blätter der
Winderlinde

# DIE WINTERLINDE



- **Lateinischer Name:** Tilia cordata
- **Familie:** Malvengewächse
- **Merkmale:** herzförmige Blätter mit gesägtem Rand; braungraue Rinde mit Furchen
- **Größe:** bis 40 m
- **Standort:** Parkanlagen, Straßenränder, zerstreut in Wäldern
- **Blütezeit:** Juni bis Juli
- **Früchte:** kugelige Kapselfrüchte
- **Alter:** 1000 Jahre

Frühling

Sommer

Herbst

Winter

## JAHRESZEITEN-FOTOSERIE

Winterlinden können sehr, sehr alt werden — manchmal sogar 1000 Jahre. Sie stehen oft allein als stattliche Riesen auf einer Wiese. Hast du Lust, eine Winterlinde ein ganzes Jahr lang immer wieder zu fotografieren? Es ist spannend zu beobachten, wie sich der Baum über die Monate hinweg verändert.

## ECHT LECKER!

Die Linde mit ihren gelb-weißen, stark duftenden Blüten ist eine wichtige Pollen- und Nektarquelle für Bienen. Darum heißt sie auch „Bienenweide". Aus dem Nektar stellen Imker den besonders süßen Lindenblütenhonig her. Er schmeckt nicht nur lecker auf einem Butterbrot, sondern ist auch ein altes Hausmittel gegen Erkältungen.

# MEINE WINTERLINDE

FUNDSTELLE      DATUM      TIERE AUF DER PFLANZE

# DIE BIRKE

## STECKBRIEF:

- ▶ **Lateinischer Name:** Betula
- ▶ **Familie:** Birkengewächse
- ▶ **Merkmale:** dreieckige gezähnte Blätter; weiße Rinde
- ▶ **Größe:** bis 30 m
- ▶ **Standort:** Gärten, Parkanlagen, Alleen, Moore, Mischwälder
- ▶ **Blütezeit:** März bis April
- ▶ **Früchte:** geflügelte Nussfrüchte
- ▶ **Alter:** bis 150 Jahre

Birken erkennst du leicht an ihrer weißen Rinde.

## HALT DIE AUGEN OFFEN!

Die Birke ist der Lebensraum für viele Insekten. Einige Schmetterlingsraupen ernähren sich ausschließlich von ihren Blättern. Schon am Namen kannst du die Vorliebe einiger Tierarten für diesen Baum erkennen, zum Beispiel beim Birkenzeisig, Birkhuhn oder Birkenspanner. Auch zahlreiche Pilze wachsen gern in der Nähe von Birken. Der bekannteste ist der Fliegenpilz. Also: Augen auf — in einem Birkenwäldchen gibt es viel zu entdecken!

## STEINZEIT-KLEBSTOFF

In der Steinzeit gewannen die Menschen aus der Birkenrinde das sogenannte Birkenpech. Sie verwendeten es als Klebstoff bei der Herstellung von Werkzeugen und Waffen. Mit der klebrigen Masse dichteten sie sogar ihre Kanus ab. Auch Ötzi, der Gletschermann, befestigte die Spitzen seiner Pfeile mit Birkenpech an den Holzschäften. Bei Ausgrabungen haben Forscher außerdem Birkenpechklumpen mit Zahnabdrücken gefunden. Vermutlich handelt es sich hier um eine Art „Steinzeit-Kaugummi".

Birkenzeisig

Birkenspanner

# MEINE BIRKE

FUNDSTELLE

DATUM

TIERE AUF DER PFLANZE

# DIE ROSSKASTANIE

Blühende Rosskastanie



- **Lateinischer Name:** Aesculus hippocastanum
- **Familie:** Seifenbaumgewächse
- **Merkmale:** große gefingerte Blätter mit 5 bis 7 Einzelblättern; glatte braune Rinde, im Alter mit Schuppen
- **Größe:** bis 30 m
- **Standort:** Parkanlagen, Straßenränder, Waldränder
- **Blütezeit:** Mai bis Juni
- **Früchte:** grüne kugelige Kapselfrüchte mit Stacheln, beim Aufspringen braun glänzende Kastanien
- **Alter:** bis 300 Jahre

## BASTELN MIT KASTANIEN

Aus Kastanien kannst du im Herbst tolle Tiere basteln. Mit ein bisschen Moos, Eichelhütchen und den Fruchtbechern von Bucheckern werden sie besonders lustig. Außerdem brauchst du einen Kastanienbohrer und ein paar Streichhölzer — schon kann es losgehen. Und noch ein Tipp: Auf Weihnachtsmärkten werden oft Esskastanien angeboten. Sie stammen von der Edelkastanie, die eher in südlichen Bereichen wächst. Rosskastanien sind nicht essbar.

## DIE BLÜTENAMPEL

Die vielen weißen Blüten der Kastanie sitzen an aufrechten, bis zu 30 cm hohen Rispen. Sie werden auch Kerzen genannt. Öffnen sich die Blüten, kommt in der Mitte ein gelber Fleck zum Vorschein. Er zeigt den Insekten, dass es hier Nektar und Pollen gibt. Verfärbt sich der Fleck rot, ist die Blüte bereits bestäubt, und ein Besuch lohnt sich nicht mehr. Durch diese Blütenampel sorgt die Kastanie dafür, dass möglichst viele verschiedene Blüten angeflogen werden.

# MEINE ROSSKASTANIE

FUNDSTELLE        DATUM        TIERE AUF DER PFLANZE

*Bald fällt die Nuss aus ihrer Hülle.*

# DIE WALNUSS

## STECKBRIEF:

- **Lateinischer Name:** Juglans regia
- **Familie:** Walnussgewächse
- **Merkmale:** wechselständig, unpaarig gefiedert, 5 bis 9 eiförmige Teilblättchen; Rinde erst glatt und grau, im Alter dunkel, tiefrissig
- **Größe:** 10 bis 25 m hoch
- **Standort:** nährstoffreiche Lehm- und Tonböden, in wintermilden Regionen
- **Blütezeit:** April bis Mai
- **Früchte:** ovale Walnüsse mit brauner rissiger Schale, außen von dicker grüner Hülle umgeben
- **Alter:** 150 Jahre

## RIECH MAL!

Die Blätter des Walnussbaumes treiben erst spät im Frühjahr aus und fallen schon früh im Herbst wieder ab. Und sie haben noch eine Besonderheit: Zerreibe ein Blatt zwischen deinen Fingern. Merkst du, wie es duftet? Das liegt an den ätherischen Ölen, die sich in den Blättern befinden. Sie halten Fliegen, Mücken und andere Insekten fern. Kein Wunder, dass die Walnuss als Gartenbaum sehr beliebt ist.

## JOGHURT MIT WALNÜSSEN

- **Du brauchst:** Nussknacker, 4 Schälchen, 500 g Naturjoghurt aus Vollmilch, 4 Esslöffel Honig, 12 Walnüsse
- **So geht's:** Knacke die Walnüsse und löse sie aus der Schale. Brich die Nüsse in kleine Stücke. Fülle den Joghurt in die Schälchen. Verteile eine dünne Schicht Honig auf dem Joghurt. Zum Schluss streust du die Walnüsse darüber.

# MEINE WALNUSS

FUNDSTELLE

DATUM

TIERE AUF DER PFLANZE

# MEIN/E

FUNDSTELLE       DATUM       TIERE AUF DER PFLANZE

# MEIN/E _______________

FUNDSTELLE     DATUM     TIERE AUF DER PFLANZE

# DER FRAUENMANTEL

Blätter und Blüten des Frauenmantels

## DER LOTUS-EFFEKT

Über Nacht schwitzen die Blätter des Frauenmantels Wassertropfen aus, die wie Juwelen an den Rändern glitzern. Berührst du das Blatt, laufen die Tropfen in der Mitte zusammen. Dabei perlen sie von der Blattoberfläche ab und nehmen Schmutz und Staub mit. So etwas heißt „Lotus-Effekt". Die Menschen nutzen ihn zum Beispiel für Dachziegel und Waschbecken.

## ERFINDE EINEN PFLANZENNAMEN!

Die Form der Blätter erinnert an die weiten Mantelumhänge, wie sie von Frauen im Mittelalter getragen wurden. Diese Ähnlichkeit hat der Pflanze ihren Namen gegeben. Wegen der Tropfen, die sich an den Blättern bilden, heißt sie aber auch „Regendächle", „Himmelstau" oder „Tau-Blatt". Wie würdest du die Pflanze nennen, wenn du sie als Erster entdeckt hättest?

# MEIN FRAUENMANTEL

FUNDSTELLE

DATUM

TIERE AUF DER PFLANZE

Klatschmohn auf
einer Blumenwiese

# DER KLATSCHMOHN

## ECHT ERSTAUNLICH: ROTE TINTE!

Früher wurde aus den Blütenblättern der Mohnblume rote Tinte gewonnen. Wenn es auf einer Wiese sehr viele Mohnblumen gibt, sammle eine Schüssel voll roter Kronblätter ein, drücke sie kräftig durch ein Sieb und fange die Flüssigkeit in einem Schälchen auf. Du musst fleißig pressen, denn die Ausbeute ist mager. Gib ein paar Tropfen Essigessenz dazu, dann kannst du mit deiner Naturfarbe malen. Aber nicht wundern: Nach dem Trocknen ist dein Bild lila.

## EIN MOHNBLUMEN-MÄDCHEN

▶ **Du brauchst:** eine Kapselfrucht und eine geschlossene Blütenknospe.
▶ **So geht's:** Trenne den Stängel und das untere verdickte Ende von der Kapselfrucht, sodass unten an der Kapsel ein Loch sichtbar wird. Setze die Kapsel auf das kurze Stängelchen der Knospe. Öffne vorsichtig die grünen Kelchblätter und zupfe die roten Blütenblätter heraus.

# MEIN KLATSCHMOHN

| FUNDSTELLE | DATUM | TIERE AUF DER PFLANZE |
| --- | --- | --- |

# DIE TAUBNESSEL

Eine blühende Taubnessel



- **Lateinischer Name:** Lamium
- **Familie:** Lippenblütler
- **Merkmale:** gesägte Blätter wie bei der Brennnessel, aber ohne Brennhaare
- **Größe:** bis 70 cm
- **Standort:** Gärten, Wegränder, Schuttplätze
- **Blüte:** kreisförmig um den Stängel angeordnet
- **Blütezeit:** April bis Oktober

## GUTEN APPETIT!

Taubnesseln gehören zu den Lippenblütlern. Ihre Blüten haben eine ganz typische Form mit einer Oberlippe und einer Unterlippe. Am hinteren Ende bilden die Blütenblätter eine dünne Röhre, die reichlich zuckerhaltigen Nektar enthält. Bienen, Hummeln und Ameisen lassen es sich hier gern schmecken. Willst du auch von dem süßen Saft probieren? Dann zupfe vorsichtig eine Blüte ab und sauge die Röhre von unten her aus. Mmmh, lecker!

Blüte im Querschnitt

## VORSICHT, VERWECHSLUNGSGEFAHR!

Trägt die Taubnessel noch keine Blüten, sieht sie fast wie eine Brennnessel aus. Die beiden Pflanzen sind jedoch nicht miteinander verwandt. Die Blätter der Taubnessel besitzen weiche Härchen. Die Brennnessel hat feine Brennhaare, die bei Berührung abbrechen und Säure in die Haut stechen. Das tut weh und die Haut schwillt an. Dennoch haben Taub- und Brennnesseln etwas gemeinsam: Für die Raupen vieler Schmetterlingsarten sind sie wichtige Futterpflanzen.

# MEINE TAUBNESSEL

FUNDSTELLE

DATUM

TIERE AUF DER PFLANZE

Die Margerite ist eine typische Wiesenblume.

# DIE MARGERITE

## FORSCHER-SPEZIAL-WISSEN!

Pflücke eine Margerite und betrachte die Blüte genau. Margeriten gehören zur Familie der Korbblütler. Außen stehen — wie Sonnenstrahlen — 20 bis 25 weiße Zungenblüten. In der Mitte befinden sich 300 bis 400 goldgelbe Röhrenblüten, in denen Nektar und Pollen stecken. Wenn du eine Blüte vorsichtig in der Mitte durchschneidest, kannst du den Blütenstand besonders gut sehen. Kennst du noch andere Blumen, die zu den Korbblütlern gehören?

## SCHON ENTDECKT?

Auf einer Margeritenblüte kannst du viele verschiedene Insekten beobachten, zum Beispiel Fliegen, Wildbienen, Käfer und Schmetterlinge. Allerdings ist es für sie hier ziemlich gefährlich. Denn auf vielen Margeritenblüten lauert die gut getarnte Veränderliche Krabbenspinne auf Beute. Sie kann ihre Farbe von Weiß nach Gelb und Grün wechseln und ist so fast unsichtbar. Wegen ihrer kräftigen Vorderbeine sieht die Spinne einer Krabbe ähnlich.

# MEINE MARGERITE

FUNDSTELLE      DATUM      TIERE AUF DER PFLANZE

Das Taubenkropf-Leimkraut ist leicht an seiner kugeligen Kelchröhre zu erkennen.

# DAS TAUBENKROPF-LEIMKRAUT

## STECKBRIEF:

- **Lateinischer Name:** Silene vulgaris
- **Familie:** Nelkengewächse
- **Merkmale:** blaugrüne, ei- bis lanzenförmige Blätter
- **Größe:** bis 50 cm
- **Standort:** magere Wiesen, Böschungen, Wegränder, Felshänge
- **Blüte:** kugelige hellrosafarbene Kelchröhre mit vernetzten rötlichen Nerven, 5 weiße Kronblätter
- **Blütezeit:** Mai bis September

## SCHON GEWUSST?

Die kugelige Kelchröhre erinnert an einen Taubenkropf. Das ist ein sackartiger Nahrungsspeicher im Hals einer Taube. Nachts verströmen die Blüten einen intensiven Duft und locken so viele Nachtfalter an, die mit ihren langen Rüsseln den Nektar aus dem tiefen Blütenkelch saugen. Manche Hummeln machen es sich leichter und beißen einfach ein Loch in den Kelch.

## EIN ECHTER KNALLER!

Das Taubenkropf-Leimkraut kannst du ganz leicht platzen lassen. Dafür pflückst du vorsichtig eine Blüte ab. Pass auf, dass du die kugelige Kelchröhre dabei nicht zerdrückst. Dann hältst du mit der einen Hand die Blüte an ihren Kronblättern fest und verschließt dadurch die Kelchröhre. Jetzt klatschst du den ballonartigen Kelch mit einer schnellen Bewegung auf deine andere Handfläche. Mit ein bisschen Übung kannst du es ganz schön knallen lassen.

# MEIN TAUBENKROPF-LEIMKRAUT

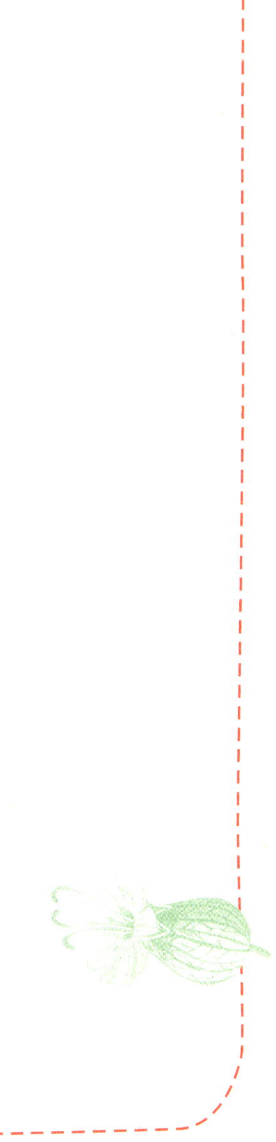

| FUNDSTELLE | DATUM | TIERE AUF DER PFLANZE |
|---|---|---|

# DER SCHARFE HAHNENFUSS

Achtung, der Scharfe Hahnenfuß ist giftig!

## AUFGEPASST!

Hast du eine Idee, woher der Hahnenfuß seinen Namen hat? Sieh dir die Blätter ganz genau an — sie sind einem Hahnenfuß sehr ähnlich. Die Pflanze enthält einen scharf schmeckenden Giftstoff. Deshalb wird sie von den Kühen auf der Weide nicht gefressen. Bei Menschen führt schon der Verzehr von kleinen Mengen zu Bauchkrämpfen und Durchfall. In früheren Zeiten wurde der Hahnenfuß als Abführmittel verwendet. Heute weiß man, dass er giftig ist.

## HAHNENFUSS-TATTOO

Ist der Hahnenfuß verblüht, bleibt eine kugelförmige Sammelfrucht stehen. Sie besteht aus vielen spitz zulaufenden Nüsschen. Damit kannst du dir einen sternförmigen Abdruck auf die Hand machen. Pflücke eine Sammelfrucht und drücke sie kopfüber mindestens eine Minute lang fest auf deinen Handrücken. Wenn du die Frucht wegnimmst, hast du einen kleinen Stern auf deiner Hand. Sieh mal!

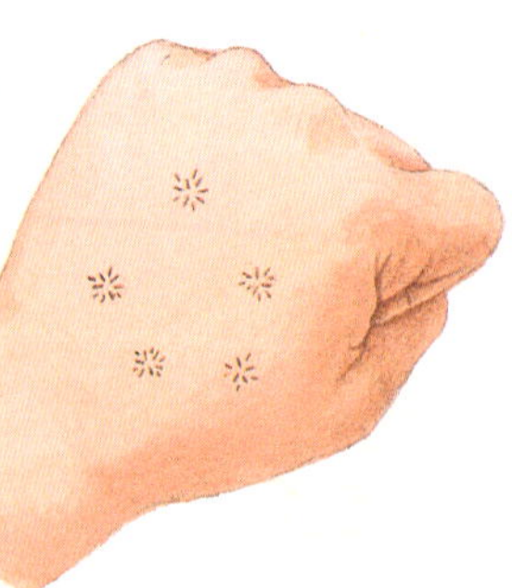

# MEIN SCHARFER HAHNENFUSS

______________________     ______________________     ______________________

FUNDSTELLE         DATUM         TIERE AUF DER PFLANZE

# DIE RUNDBLÄTTRIGE GLOCKENBLUME

Die Blüten der Glockenblume sehen wie kleine Glöckchen aus.

## ACHTUNG, EXPERIMENT!

Wenn sich Ameisen angegriffen fühlen, verspritzen sie eine brennende Säure. Leider geht das so schnell, dass du sie kaum sehen kannst. Aber es gibt einen Trick, um die Ameisensäure sichtbar zu machen. Pflücke eine Glockenblume und ärgere ein paar Ameisen vorsichtig mit der lilafarbenen Blüte. Siehst du die rosafarbenen Flecken an der Blüte? Die Säure hat die Blume verfärbt.

## EINE NISTHILFE BAUEN

Die Glockenblumen-Scherenbiene sammelt ausschließlich Pollen und Nektar der Glockenblume. Sie ist mit einer Größe von 6 mm eine kleine Wildbienenart und schläft gern in den glockenförmigen Blüten. Hast du Lust, eine Nisthilfe für die Scherenbiene zu bauen? Drücke etwas Lehm und hohle, trockene Stängel in eine Blechdose und hänge sie waagerecht auf. Mit etwas Glück werden bald Wildbienen ihre Eier in den Röhren ablegen.

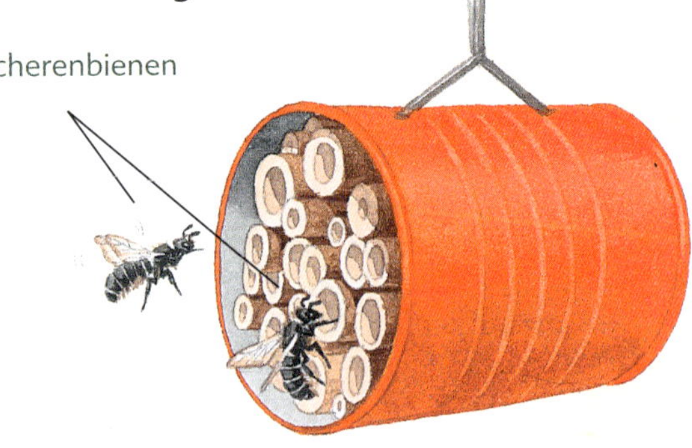

Scherenbienen

# MEINE RUNDBLÄTTRIGE GLOCKENBLUME

FUNDSTELLE

DATUM

TIERE AUF DER PFLANZE

Gelbe Blüten des Großen Springkrauts

# DAS GROSSE SPRINGKRAUT

## STECKBRIEF:

- **Lateinischer Name:** Impatiens noli-tangere
- **Familie:** Balsaminengewächse
- **Merkmale:** eiförmige gezähnte Blätter
- **Größe:** bis 1 m
- **Standort:** Auwälder, feuchte Waldböden, Bachränder
- **Blüte:** goldgelbe Blüten mit gekrümmtem Sporn
- **Blütezeit:** Juli bis September

Drüsiges Springkraut

## VORSICHT, EXPLOSION!

Die Fruchtkapseln des Springkrauts sehen nicht aufregend aus. Aber wenn du sie berührst, zeigen die Explosionsfrüchte, was in ihnen steckt. Die reifen Kapseln sind durch den Zellsaftdruck gespannt. Sobald du sie anfasst, reißen sie an ihren Nähten blitzschnell auf, und die Samen werden meterweit herausgeschleudert. Dabei rollen sich die Kapselwände spiralförmig auf.

## SCHON GEWUSST?

Das Große Springkraut kannst du gut an seinen goldgelben Blüten mit dem gekrümmten Sporn erkennen. Es ist das einzige Springkraut, das bei uns heimisch ist. Das Drüsige Springkraut dagegen stammt ursprünglich aus Indien. Es wurde im 19. Jahrhundert als Zierpflanze für Gärten nach Europa gebracht. Inzwischen hat es sich überall bei uns ausgebreitet. Weil es bestehende Pflanzenarten verdrängt, wird es häufig bekämpft.

# MEIN GROSSES SPRINGKRAUT

FUNDSTELLE

DATUM

TIERE AUF DER PFLANZE

# MEIN/E  _______________

---

FUNDSTELLE          DATUM          TIERE AUF DER PFLANZE

# MEIN/E _______________

_______________  _______________  _______________
FUNDSTELLE      DATUM            TIERE AUF DER PFLANZE

# DER SPITZWEGERICH

Den Spitzwegerich findest
du oft am Wegesrand.

## ERSTE HILFE

Wenn du draußen unterwegs bist, ist es
schnell passiert. Ein Insekt hat dich gepikst
und die Einstichstelle fängt sofort richtig
an zu jucken. Jetzt brauchst du schnell ein
paar Blätter des Spitzwegerichs. Zerreibe
sie zwischen deinen Fingern, bis etwas Saft
herauskommt, und lege sie dann auf die
Einstichstelle. Schon bald juckt's weniger.
Bei kleinen Wunden hilft ein Spitzwegerich-
verband.

## WETTSCHIESSEN

Pflücke einen Spitzwegerich mit einem
langen Stängel ab. Lege den Stängel locker
zu einer Schlinge um sich selbst. Ziehe die
Schlinge eng zusammen und dann schnell
nach vorn in Richtung Ähre. Mit etwas Ge-
schick springt die Ähre ab und saust durch
die Luft. Du musst ein bisschen üben, aber
dann wird die Ähre mehrere Meter weit
fliegen. Veranstalte mit deinen Freunden
ein Spitzwegerich-Wettschießen: Wer am
weitesten schießen kann, hat gewonnen.

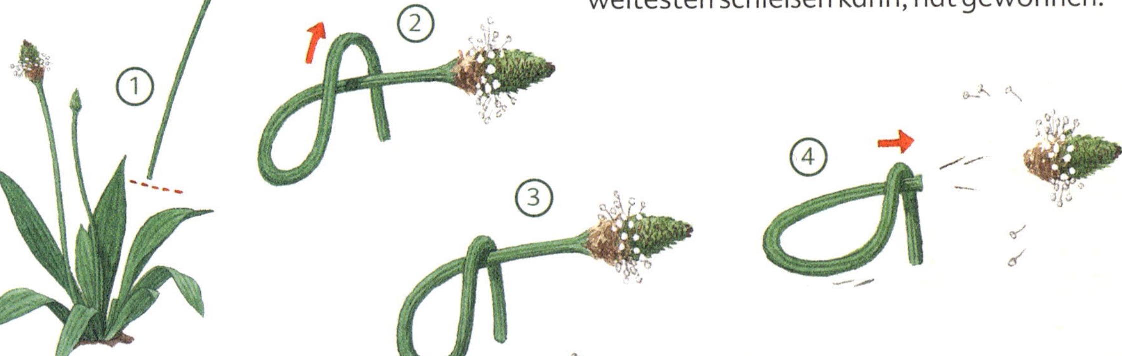

# MEIN SPITZWEGERICH

___________________  ___________________  ___________________
FUNDSTELLE                 DATUM                 TIERE AUF DER PFLANZE

# DAS HIRTENTÄSCHELKRAUT

In den herzförmigen Schötchen sitzen die Samen.



## INS HERZ GESCHAUT

Die herzförmigen Schötchen haben dem Hirtentäschelkraut seinen Namen gegeben. Denn sie ähneln den Taschen, die Hirten früher mit sich trugen. Untersuche die kleinen grünen Herzen und öffne sie vorsichtig. In jeder Herzhälfte findest du zehn bis zwölf winzige Samen. Die fallen entweder von selbst aus der Schote oder werden durch Wind und Regen verbreitet. Weil die Samen recht klebrig sind, bleiben sie oft an Schuhen hängen und werden so fortgetragen.

## ZAUBERTRICK

Lege dir unbemerkt ein herzförmiges Schötchen des Hirtentäschelkrauts in die eine Backe. Dann nimmst du einen Grashalm und sagst: „Soll ich aus diesem Halm mit der Zunge ein Herzchen falten?" Lege den Halm dann für alle sichtbar auf die Zunge und schließe den Mund. Jetzt musst du ein wenig geschickt sein. Schiebe den Halm mit der Zunge in die andere Backe und hole das kleine Herz des Hirtentäschelkrauts hervor. Alle werden staunen, und keiner wird es schaffen, dir das nachzumachen!

# MEIN HIRTENTÄSCHELKRAUT

FUNDSTELLE

DATUM

TIERE AUF DER PFLANZE

Das Wiesenrispengras ist eine wichtige Futterpflanze für viele Tiere.

# DAS WIESENRISPENGRAS

## HATSCHI! HEUSCHNUPFEN!

Wenn die Wiesengräser anfangen zu blühen, beginnt auch die Heuschnupfenzeit. Die winzig kleinen Pollen der Gräserblüten werden vom Wind über weite Strecken mitgetragen. Atmen empfindliche Menschen die Pollen ein, reagieren sie allergisch. Die Augen jucken, die Nase läuft und dann noch das ständige Niesen! Wer ganz schlimm betroffen ist, muss sich vom Arzt helfen lassen, um den Sommer draußen genießen zu können.

## MEINE SOCKEN-WIESE

Krempele deine Hose hoch, sodass deine Socken herausschauen, und lauf durch eine hohe Wiese. Du wirst staunen, was alles an deinen Socken hängen bleibt! Bestimmt sind auch viele Samenkörner dabei. Lege deine Socken zu Hause in einen Blumentopf mit Erde und halte sie gleichmäßig feucht. Bald wird aus deinen Socken eine kleine Wiese sprießen.

# MEIN WIESENRISPENGRAS

FUNDSTELLE

DATUM

TIERE AUF DER PFLANZE

Die Scheinähren dieses Grases erinnern an den Schwanz des Rotfuches.

# DER WIESENFUCHSSCHWANZ



- **Lateinischer Name:** Alopecurus pratensis
- **Familie:** Süßgräser
- **Merkmale:** dünne zugespitzte Blätter, zum Teil gerillt
- **Größe:** bis zu 150 cm
- **Standort:** feuchte Wiesen, in der Nähe von Gewässern
- **Blüte:** rot schimmernde Scheinähren
- **Blütezeit:** April bis Juli

## BIST DU KITZELIG?

Der Wiesenfuchsschwanz kann über 1 m lang werden. Seinen Namen verdankt das Gras seiner rötlich schimmernden Scheinähre, die an den Schwanz des Rotfuchses erinnert. Willst du dir einen Spaß machen? Dann reiße unbemerkt einen möglichst langen Halm ab und verstecke ihn hinter deinem Rücken. Kitzle deinen Vordermann heimlich mit der Scheinähre im Nacken. Wenn er sich umdreht, musst du ganz unschuldig aussehen!

## PFEIFKONZERT

Kannst du auf einem Grashalm pfeifen? Das ist gar nicht schwierig. Du suchst dir auf einer Wiese ein langes, schmales Blatt des Wiesenfuchsschwanzes. Das spannst du zwischen deine beiden seitlich aneinanderliegenden Daumen. Wichtig ist, dass das Blatt zwischen deinen Daumenballen und Daumenspitzen richtig straff gespannt ist. Jetzt musst du nur noch kräftig durch den Spalt pusten.

# MEIN WIESENFUCHSSCHWANZ

# DAS KNÄUELGRAS

So blüht das Knäuelgras.

## HAHN ODER HENNE?

Reiße ein Knäuelgras ab und nimm den Stängel unterhalb der Ähre zwischen Daumen und Zeigefinger. Jetzt ziehst du die Finger schnell nach oben. Wie sieht das Büschel aus, das du nun zwischen deinen Fingern hältst? Hat es gleichmäßig lange „Federn", dann ist es eine Henne. Oder stehen lange Federn heraus wie bei einem Hahnenschwanz?

## KUCKUCKSSPUCKE

Sind dir an den Gräsern schon einmal Schaumnester aufgefallen? In diesem sogenannten „Kuckucksspeichel" leben gut versteckt die Larven der Schaumzikaden. Nimm ein Schaumnest auf deine Hand und suche vorsichtig nach der kleinen grünen Larve. Das erwachsene Tier ist bräunlich und nur 0,5 cm groß. Es ist ein wahrer Meisterspringer und kann bis zu 70 cm hoch hüpfen!

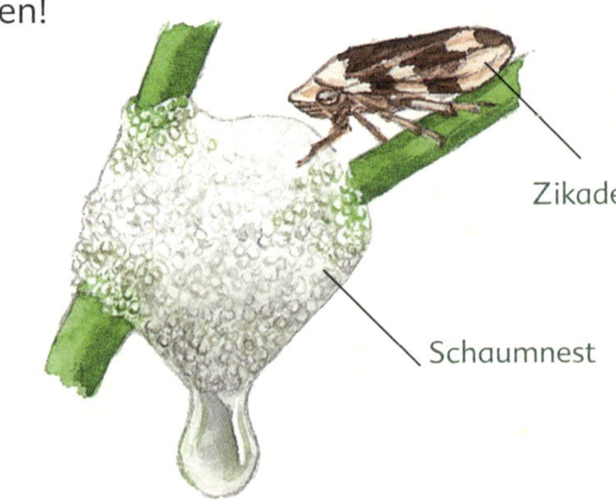

# MEIN KNÄUELGRAS

FUNDSTELLE

DATUM

TIERE AUF DER PFLANZE

# MEIN/E ________________

________________  ________________  ________________
FUNDSTELLE  DATUM  TIERE AUF DER PFLANZE

# MEIN/E ___________

Mineralöl *freie* Druckfarbe

FSC MIX Papier aus verantwortungsvollen Quellen FSC® C020056

5 4 3 2 1   26 25 24 23 22
ISBN 978-3-649-64198-8
© 2016, 2022 Coppenrath Verlag GmbH & Co. KG,
Hafenweg 30, 48155 Münster, Germany
CH: Baumgartner Bücher AG,
Centralweg 16, 8910 Affoltern a. A.
Alle Rechte vorbehalten, auch auszugsweise
Text: Stefanie Zysk
Illustrationen Umschlag, Innentitel, Impressum
und Sammeltasche: Shutterstock/valeria_starr,
Shutterstock/dinadankersdesign
Alle anderen Illustrationen: Yousun Koh
Fotos: Fotolia: Ricarda Braun (S. 1, 4),
dieter76 (S. 12), Ingo Bartussek (S. 48);
Picture Alliance: Westend61 (S. 2),
Arco Images GmbH (S. 40, 46),
NHPA/photoshoot (S. 50),
Mary Evans Picture Library (S. 52);
Shutterstock: alle übrigen Fotos
Redaktion: Susanne Tommes

www.coppenrath.de